Introducción.

El simple y primario acto de comer, ha sido elevado a través de los tiempos a rango de acontecimiento, sublimando este sencillo y elemental hecho cotidiano con disímiles circunstancias y requisitos. Probablemente, ningún otro acontecimiento humano ha generado tanta literatura normativa a la hora de codificar su conducta.

La comida, a no ser que se haga en soledad, trasciende de su primer objetivo para constituir un encuentro entre las personas que se reúnen en torno a la mesa. Este momento debería rescatarse no sólo por el bien de la salud digestiva de las personas, sino como momento agradable para fomentar el diálogo, la distensión y el encuentro. Hoy día, es uno de los pocos instantes que verdaderamente tienen las personas para intercambiar y comentar sus inquietudes. La dinámica de la vida y la falta de tiempo, hacen que muchas personas hayan perdido el hábito de cultivar la conversación.

La coronación del trabajo en la cocina es la satisfacción de saborear los platos preparados, en un ambiente tranquilo, con una mesa bien presentada y en compañía de personas agradables.

Los alimentos son las estrellas de la mesa, pero por mucho esfuerzo que se haya puesto en la elaboración de los platos, pocas posibilidades de éxito habrá si se descuidan los grandes y pequeños detalles de la presentación de la mesa. Su cuidado no debe ser algo ocasional, que sólo se recuerda cuando hay invitados o se celebra un hecho importante y es que en la mesa el sentido de la vista es tan importante como el del gusto o del olfato. Cuando hay una ocasión especial entonces es absolutamente necesario hacer algo que dé a la ocasión el toque que merece. Tanto los platos como la forma de presentarlos serán maneras de demostrar nuestro aprecio.

Con el transcurso de los siglos, las formas de poner la mesa han evolucionado mucho; por ejemplo, hubo tiempos en Roma en que nadie se sentaba a la mesa para comer e incluso la buena educación consistía en comer todos los alimentos con las manos. En el siglo XVI, se consideraba que el tenedor no era un utensilio adecuado para hombres y sólo en el siglo XVIII en Europa comenzó a ser corriente su presencia.

Con posteridad, las normas de etiqueta en las cenas se tornaron rígidas y debían respetarse escrupulosamente; hoy son apenas líneas directrices generales que los anfitriones pueden adoptar o no, según su parecer. Todas las normas son relativas, sólo que algunas se han impuesto y por lo general, se respetan ya que su observación resulta más cómoda para todos. Lo principal es estar a la altura de las circunstancias y lograr que las personas queden satisfechas con el tratamiento recibido.

El elemento en torno al cual se desarrolla una reunión es la mesa. Ya sea una ocasión formal o informal, ésta es el centro del evento. La mesa es como el vestuario de una señora elegante: todos sus elementos deben armonizar.

Al presentar una mesa lo primero es el mantel, elemento básico. Su diseño debe estar acorde con la ocasión por ejemplo, los clásicos manteles de cuadros grandes o de rayas son propios para encuentros informales. En una cena formal es preferible que todos los elementos sean sobrios y bonitos, sin llegar a ser demasiado llamativos. Los manteles deben ser blancos o de color crudo, también pueden elegirse colores suaves, sin dibujos, o con algún motivo muy simple. El mantel elegido debe combinar con los colores y el tipo de decoración de la casa o local, así como con la vajilla y la cristalería, ya que la mesa es un elemento integrado en la decoración del local. El mantel no deberá colgar del borde de la mesa más de 30 centímetros. Si se utiliza uno de tela delgada, es necesario poner abajo una tela gruesa de color neutro o muy pálido. En todo caso, se recomienda el molletón (tela base de franela blanca gruesa).

Los manteles individuales se aceptan para el desayuno o para comidas informales en terrazas y jardines. Si la mesa es de algún material valioso -madera antigua, mármol o cristal- se puede prescindir del mantel; pero entonces será pertinente usar platos de base.

Servilletas y centro de mesa

Un toque de historia

Cuenta la literatura que hubo un tiempo en que los griegos se limpiaban las manos con migas de pan, los orientales con masa hecha de harina y agua y algunos ricos muy refinados lo hacían en la cabellera de un esclavo que sentaban a sus pies a la hora de comer. Algunas damas y caballeros hacían esto mismo en el pelaje de sus perros.

Por otra parte, algunos pueblos primitivos como los celtas o los espartanos ponían como servilletas, al lado de cada comensal, un montón de heno o paja.
Hubo una época entre los romanos que la servilleta era un verdadero lujo ya que formaba parte del atuendo del comensal, o sea que hacía juego con el traje del invitado y por lo mismo cada uno tenía que llevar su propia servilleta. También fue de abolengo en algunas cortes y "casas ricas" hasta que se generalizó su uso y se hizo popular.

Las servilletas deben ser de tela y, de preferencia, hacer juego con el mantel, estar bien limpias y planchadas y sobre todo, ser dobladas de la misma manera. Absolutamente prohibido poner servilletas de papel en una mesa elegante. Usualmente, se colocan a la izquierda; sin embargo, la forma clásica de ubicarlas es sobre el plato, arregladas en forma floral.

La mesa no debe recargarse de adornos, el centro de mesa debe ser arreglado con buen gusto; procurar que tenga el tamaño adecuado, ya que de lo contrario resultaría incómodo para los comensales verse y conversar. Si dispone de poco espacio en la mesa, se pueden distribuir dos o tres flores bonitas sobre el mantel; las flores seleccionadas no deben desprender casi aroma para que no interfiera el de los alimentos. Además, se usan los centros de mesa de frutas frescas.

La iluminación

La luz de la habitación ha de ser indirecta y suave, pero suficiente para ver con claridad los platos. Las luces centrales o de techo, que son muy favorecedoras, están siendo sustituidas por pantallas y focos indirectos, lo cual proporciona un ambiente más agradable. No obstante, pueden emplearse candelabros con sus velas como un detalle, dando más elegancia, calidez y encanto especial al ambiente y además, realzan el brillo de la cubertería y cristalería. En caso de usarlas, se dejan encendidas solamente una o dos luces eléctricas.

Vajilla y cubertería

La selección de la vajilla y la cubertería es cuestión de gustos y modas, se elegirán de acuerdo con el resto de la decoración de la mesa. Los cubiertos deben estar bien limpios para que den a la mesa un espléndido toque de brillo. Lo más frecuente es situarlos hacia arriba, aunque pueden colocarse con la parte cóncava hacia abajo.

Existe un sinnúmero de modelos de cubiertos, incluso algunos firmados por estilistas famosos. Sin embargo, nada ha logrado sustituir hasta ahora la elegancia de los cubiertos de plata, ya sean antiguos o modernos. Si la vajilla es de un determinado estilo y calidad, las copas deberán ser apropiadas. Lo ideal es escoger un servicio de cristal puro y sin colores, esto no sólo le resolverá los problemas de combinación de colores en la mesa, sino también hará que la mesa se vea más elegante. Por otra parte, es fundamental que se pueda apreciar el color del vino en la copa.

Los comensales

La elección de los platos, el ambiente y la presentación de la mesa son elementos importantes en una cena, pero más lo son los invitados. Si las personas que participan no son compatibles entre sí, la reunión puede convertirse en una batalla o resultar muy aburrida.

¿Cómo ubicar a los invitados?

Cuando llega el momento de sentarse a la mesa, lo más frecuente es que los dueños de la casa presidan la mesa y que cada invitado ocupe el lugar que prefiera. Sin embargo, en un banquete o una ocasión de mayor compromiso es necesario conocer la forma de disponer a los invitados según las reglas de la etiqueta, para ello la edad y el estatus social son los elementos que deben tomarse en cuenta.

Los anfitriones presiden la mesa y se sientan uno frente al otro. A la derecha de la señora de la casa se sitúa el invitado de más edad o categoría social y a la derecha del anfitrión la esposa de este invitado de honor, o si no estuviera, la señora de más edad o categoría. La izquierda de los anfitriones se considera el segundo lugar de "importancia". El centro de la mesa se reserva para los más allegados a la familia, o los más jóvenes. Una regla que sigue imperando, es la de sentar a los comensales alternando dama y caballero; esto sólo puede hacerse cuando hay un número determinado de parejas.

En el momento de sentarse, los anfitriones indicarán a cada invitado la posición que debe ocupar, hallando la forma para que ninguno se sienta menospreciado. En los grandes banquetes, se coloca frente a cada cubierto una tarjeta con el nombre del invitado.

Los anfitriones son los encargados de que todos los invitados pasen un rato agradable empleando en todo momento un trato discreto y amable. Los matrimonios se sentarán separados y si hay un huésped extranjero a la mesa, es deseable que la persona adyacente conozca su lengua. Debe tratarse de acomodar contiguamente a personas que tengan algo en común. Algunas personas tienen la costumbre de orar o bendecir la comida antes de comerla, ante tales actos se debe guardar una actitud de respeto, no hacer ningún ruido, comentario o pregunta acerca de lo que acaba de presenciar.

El menú

El menú es una composición de elementos que deben tener coherencia interna y por tanto no es ideal incluir cualquier plato aunque sea clasificado "estrella". A la hora de elegir los platos, es importante que el anfitrión conozca los gustos de sus invitados; si no intentará no salirse demasiado de la norma. Lo mejor es servir platos más o menos tradicionales y no experimentar en el terreno culinario, respetando las costumbres y los principios de cada invitado. Se debe combinar los platos de forma equilibrada y armoniosa y tener en cuenta varios elementos:

- Tipo de ocasión: gala o informal.
- Si se trata de un almuerzo, cena o buffet, cóctel, etc.
- Número de personas invitadas y "equipo técnico" disponible en la cocina.
- Presupuesto.

Normas básicas de comportamiento en la mesa para cualquier ocasión

- La servilleta una vez desplegada, se coloca sobre las rodillas, nunca anudada al cuello, excepto cuando se come langosta.
- No apoyar los codos sobre la mesa.
- El cuchillo en ninguna ocasión se debe coger con la mano izquierda.
- La cuchara no debe llenarse demasiado, para que no salpique en el trayecto desde el plato hasta la boca. Se introduce a la boca por su lateral si se ingiere consomé; es aceptable también beber el líquido directamente del tazón. La sopa se consume introduciendo la cuchara de frente.
- Nunca se debe inclinar el plato sopero para recoger la última gota del líquido. Es más educado dejar lo que no se puede recoger con la cuchara.
- Los vasos o copas deben de ser llevados a la boca después de limpiarse los labios, para no dejar los bordes del cristal llenos de grasa o restos de comida.
- Los cubiertos durante la comida se sitúan en el plato cerca uno del otro, pero nunca apoyados sobre el mantel, ni siquiera por el mango. Al finalizar, el cuchillo y el tenedor se colocarán paralelos y juntos, en el centro del plato.
- Cuando un comensal se levanta de la mesa, la servilleta deberá ponerla a la derecha del plato, sin doblarla, pero tampoco arrugada de cualquier manera.
- El café y los licores no se deben de servir en la propia mesa, sino en un salón, aparte del comedor, o bien en la zona de estar del salón-comedor. Será la anfitriona la primera que se levante de la mesa invitando a los demás a pasar a la otra estancia para tomarlos.
- En cuanto al menú elegido, saber de antemano quiénes son los comensales, sus gustos y preferencias, incluso su régimen si lo tienen, nos ayudará a la selección, y es una gentileza que los invitados agradecerán.

- No se debe pedir comida o bebida que no se piensa consumir.
- No levantarse de la mesa a mitad de cena, a menos que se trate de una verdadera urgencia.

Todo profesional del turismo debe conocer las normas generales de presentación y comportamiento en la mesa, útiles en la diaria labor de formación. Con un poco de previsión y sentido común, con mucha alegría y un toque de imaginación, desde el desayuno en familia hasta la cena más formal serán siempre un éxito. Conocer ciertos principios generales de etiqueta, permiten desenvolverse satisfactoriamente en la vida diaria y formar parte de los grupos que se encuentran a un cierto nivel en la estructura social; incluso incursionar en cualquier tipo de cultura; siempre y cuando aquellos se manejen con soltura. Dominar esos pequeños detalles no sólo proporciona seguridad sino que hacen la vida más agradable.

1. Organización y desarrollo de banquetes

BANQUETE: Del francés "banquet". Comida a que concurren muchas personas, para agasajar a alguien, o para celebrar algún suceso. Comida espléndida. – Resplandeciente, magnifico, ostentoso, liberal, desinteresado.- Cena formal en la que se exige traje oscuro a los caballeros y traje de noche, de acuerdo a la moda, a las damas Objetivo Homenajear a los VIP. Los asistentes recibirán una invitación previa. Duración aproximada de una hora para el aperitivo y dos horas para la comida, en un ambiente formal, privado y participativo. Actos formales donde los invitados llegan a la hora señalada, permanecen entre una y dos horas a la mesa, en la cual se consume un menú previamente programado, que regularmente se realizan en Salones especialmente diseñado para ello.

Tipos de actividades o eventos que suelen tener o servirse como banquetes:

- Banquetes formales.
- Cócteles.
- Buffet frío.
- Recepciones Diplomáticas.
- Conferencias.
- Convenciones.
- Fiestas tradicionales
- Cena con Bailables.
- Exhibiciones y/o lanzamientos de productos.
- Cenas especiales en residencias.

1.1. La gerencia de banquetes:

Toda actividad exige un orden, un método y debe ser concebida y ejecutada a partir de determinada lógica. Aún aquellas actividades que supuestamente se desarrollan en forma espontánea, responden a determinados mecanismos que se han fijado con anticipación.

Sobre la base de estas reflexiones podemos definir que:

Gerenciar un evento (banquete) es aplicar la técnica de la coordinación de recursos humanos, materiales y financieros, de modo que se establezcan las reglas, políticas y procedimientos que habrán de orientar los objetivos y la secuencia de las actividades con máxima eficiencia y mínimo de costos. Como proceso de gestión, se deberán tener en cuenta los cuatro componentes conocidos como funciones de la gestión: Planificar, organizar, dirigir y controlar.

El modelo de planeamiento general de un evento que a continuación se expone, *(responde a las características fundamentales dadas por Juan Manuel Buendía en su libro; Organización de reuniones: convenciones, congresos, seminarios. Ver bibliografía)* definiendo dos etapas:

1.1.1. Etapa mecánica (teórica o estructural).

- Previsión: ¿qué se puede hacer?
- Planeación: ¿qué se va a hacer?
- Organización: ¿cómo se va a hacer?

1.1.2. Etapa dinámica (práctica u operativa).

- Integración: ¿con qué y con quién se va hacer?
- Dirección: ¿ver que se haga?
- Control: ¿cómo se ejerce?

Aplicando este modelo de gestión a la planificación de un evento, las ideas centrales de cada etapa pueden estar dadas en:

1.1.1. Etapa mecánica (teórica o estructural).

a) Previsión:

Elemento de la gestión de eventos que con base a objetivos y metas establecidos previamente, resulta del análisis y la investigación, determina el curso de acciones a seguir. Con la previsión el organismo, la institución, o la asociación puede fijar los objetivos que se persiguen con la celebración del evento, para lo cual deberá internamente analizar sus potencialidades, el nivel alcanzado en cada una de sus especialidades, el poder de convocatoria, el posible público asistente y los eventos que se realizan internacionalmente sobre esos temas con el propósito, en este último caso, de analizar la competencia.

De la etapa de previsión deben quedar definidos:

- Denominación del evento.
- El tema central y los tópicos.
- Definición de fecha (al menos mes, año y duración).
- Definición de los objetivos.
- Definición de sede.
- Definición del mercado.
- Vías de financiamiento.

b) Planeamiento:

Curso de acciones a seguir, de modo que se establezcan las reglas, políticas y procedimientos que habrán de orientar los objetivos, la secuencia de las operaciones para efectuarlas y la determinación de tiempo, elementos y presupuesto con que se logra.

<u>Principios del planeamiento:</u>

- Principio de precisión. Toda planeación debe ser precisa y detallada, acciones concretas.
- Principio de flexibilidad. Toda planeación debe dejar margen de flexibilidad sujeta a cambios imprevistos y fuera de lugar.
- Principio de unidad. Se debe diseñar una planeación para cada acción y coordinar todas entre sí.

Sobre la base de estos principios debe establecerse el Programa General de Trabajo del evento para lo cual es imprescindible contar con el criterio y orientación del Organizador Profesional de Congresos.

c) **Organización:**

En las dos etapas previas al proceso de gestión, se ha definido lo que se hará. En dichos procesos se establecen las reglas, políticas y procedimientos, y se indican las funciones y las acciones que se realizarán. De la misma manera se determinarán los recursos económicos que se han asignado para el logro de cada acción.

En este proceso de gestión, la organización se puede definir como la estructuración de acciones y funciones, la asignación de jerarquías y el establecimiento de puestos para lograr los objetivos determinados previamente, con la máxima eficiencia y ahorro de recursos humanos, materiales y económicos.

Según este modelo la organización es la etapa final del aspecto teórico, mecánico o estructural del proceso de gestión del evento. Define con claridad cómo se llevará a cabo el evento, cuáles serán los puestos establecidos para tales efectos, que jerarquías tienen y qué responsabilidades, autoridad y funciones se deberán desarrollar, La organización se ha ideado con base en la planeación y las acciones que éste requiere:

además de establecer las vías de comunicación y vincula las interacciones entre los diversos comités o subcomités.

1.1.2. Etapa dinámica (práctica u operativa).

a) Integración:

La integración constituye la primera etapa dinámica, práctica u operativa que responde a la pregunta con quién o con qué del proceso administrativo. Se ejerce realmente la integración física de los colaboradores que, en distintos niveles, se harán cargo de las diversas acciones contempladas en el plan general de trabajo. Aquí se integra y conoce a todo el equipo.

La integración cumple su objetivo si se logra un equipo de trabajo: profesional, bien estructurado, armónico, con imaginación, creatividad, sentido de urgencia, paciente, flexible, adaptable, ordenado, alegre, bilingüe.

b) Dirección:

La etapa de dirección en el proceso de gestión de eventos culmina el trabajo realizado, en sus diversas manifestaciones. La dirección es posiblemente la acción más dinámica, operativa o práctica que se manifiesta en un evento. Aquí todo el equipo dirigido por el Presidente del Comité Organizador y con la orientación del OPC, entra en juego y ejerce sus conocimientos, experiencia, profesionalismo y talento para la realización de cada compromiso y obligación.

c) Control:

El control se puede definir como la recolección, análisis, evaluación y comparación de datos para el logro de las metas y objetivos preestablecidos. Permite medir o valorar los resultados de las diversas acciones ejercidas en el proceso de gestión de eventos.

El control detectará si se ejerce a su debido tiempo, fallas, logros y/o la posibilidad de corregir sobre la marcha cualquier dificultad.

2. El servicio de banquetes.

2.1. Características y definiciones de este servicio.

El Anfitrión honra a su invitado,
considerando sus necesidades antes que ninguna otra cosa.
El Invitado, hace lo posible, con su conducta,
para mostrarse merecedor de tal honor.
No hay mayor traición
que el agravio del huésped por el anfitrión
o del anfitrión por su huésped.

Debido a lo complejo que resulta la preparación, planificación y realización de banquetes, los grandes hoteles acostumbran a contar con departamento de banquetes, que se ocupa específicamente de este menester.

En el servicio de banquetes influyen muchos factores, que deben ser controlados detenidamente. Ante todo, la Dirección del Departamento de banquetes se ocupar de la planificación; esto es, se seleccionar entre varias posibilidades las directrices, procedimientos, programas y presupuestos, atendiendo a la finalidad y objetivos a conseguir.
El departamento de banquetes debe tener en cuenta una serie de factores que son imprescindibles para la planificación del servicio.

Estos factores son:

- Día de la celebración.
- Horario del banquete (comienzo y finalización)
- Tipo de servicio
- Número de comensales
- Menú concertado
- Local donde se realizará el servicio.

Lo primero es la fecha y horario aproximado. Una vez determinado este factor, se comprobará en el planning del departamento si es factible esa fecha y no hay otro servicio que impida su realización.

Existe un libro donde se ponen las reservaciones por lo que se chequeará para no cometer errores.

A. Organización del Servicio.

    I. Los Locales.
    II. Disposición.
        1. Mobiliario.
        2. Lencería.
        3. Material.
    III. Personal.
        1. Composición.
        2. El responsable, sus funciones.

B. Realización material del Banquete.

    I. Previsiones.
        1. Personal.
        2. Mobiliario, material y lencería.
        3. Bebidas y demás artículos.
    II. Establecer los planos de Mesa.
    III. Mise en Place.
    IV. Acogida Recepción.
    V. Emplazamiento de Invitados.
    VI. Servicio.

2.2. Organización y Desarrollo de Banquetes.

Los hoteles y restaurantes son requeridos a organizar comidas que reúnen a numerosas personas por diversos motivos, tales como:

- Comidas familiares (1ra. Comunión, Bodas, Bodas de Plata, Bodas de Oro, etc.).
- Asociaciones amistosas, aniversarios de promoción.
- Partidos políticos. Congresos o reuniones electorales.
- Las Cámaras de Comercio, recepción de personalidades extrajeras.
- Premios literarios. Actos oficiales de la ciudad que organizan las diferentes instituciones.

Esta actividad significa un gran aumento del volumen de negocios, tanto es así que algunos establecimientos han hecho de ello su única actividad que ejercen dentro de sus locales como en el exterior. De todas formas, el servicio de banquetes necesita instalaciones muy particulares, un material apropiado y un personal especializado y muy competente.

2.2.1. Locales.

Los hoteleros y restauradores que hacen muchos banquetes, dedican a estos una gran parte de su establecimiento que comprende:

- Salones de dimensiones variables, incluso con disposición de paredes móviles.
- Salones de recibimiento y acogida.
- Guardarropía y lavabos en número suficiente a cada salón. Incluso a veces un acceso independiente del hotel

Las casas especializadas están concebidas para recibir a una clientela importante de banquetes. La buena coordinación entre las cocinas y los comedores preparados por los organizadores aseguran la distribución de los manjares.

2.2.1.1. Disposición:

El mobiliario de ser robusto; fácil de almacenar y transportar incluso con carros para hacer más ágil su desplaza miento a los diversos salones.

Las mesas: Se puede disponer de las mesas rectangulares puestas a continuación o juntando varias de ellas, tableros montados sobre caballetes o tableros que llevan sus patas incorporadas y plegables, redondas o rectangulares.

Los muebles auxiliares: Los muebles auxiliares o mesas de servicio deber ser de pequeñas dimensiones puesto que los banquetes tienen casi todo el material dispuesto sobre las mesas (platos, cristal y cubertería).

Las sillas: Las sillas pueden ser de madera, de metal o de fibras concebidas para apilarse fácilmente y al mismo tiempo elegantes y confortables, debe existir un espacio entre comen sales de 60 cms. para sillas y de 70 cms. para sillones como mínimo para que se sientan cómodos.

Los bares: Los bares fijos o móviles son emplazados próximos a la sala del banquete. Pueden ser bares rodantes o simplemente montados sobre tableros como si fuera un buffet

2.2.1.2. Lencería.

La lencería comprende servilletas de mesa, manteles de diversos tamaños y medidas e incluso de grandes dimensiones, muletones adaptados a todas las mesas y tableros, litos de servicio o brazaletes y paños de secar y repasar, cubre bandejas para transporte de material y para el propio servicio. A título de ejemplo los manteles suelen tener las siguientes dimensiones.

1.50/1.50 m	2.10/2.10 m	2.50/2.60 m
4.50/2.10 m	6.0 /2.50 m	8.0 /2.50 m

2.2.2. Material

Para los banquetes se puede utilizar el mismo material que en el restaurante; vajilla y cristalería a excepción de las platas de servicio que deben ser mucho más grande, todos estos materiales deben estar previstos en cantidades suficientes. También se necesitan bandejas para el servicio del aperitivo, el café, el consomé o crema y a veces también para el sorbete. Hay que tener en cuenta las bandejas para la retirada del servicio.

2.2.2.1. El material especializado.

Va adquiriendo su importancia a medida que se multiplican conferencias y seminarios, comprende los siguientes elementos:

- Tarimas de dimensiones varias
- Pizarras de madera, de papel o magnéticas
- Aparatos de proyección, de grabación, de difusión de música.
- Pantallas de cine, monitores de video
- Micros con emisora sin cable

En los congresos internacionales hay que prevenir la instalación de cabinas de traducción simultánea.

2.2.3. Personal

2.2.3.1. Composición.

Las empresas de banquetes comprenden un personal de cuadros fijos y empleados ejecutantes no fijos sino a título de extras.

a) *Servicio de material:* La propuesta de material también llamado Stewart es el encargado de inventariar la platería, la vajilla y la cristalería así como también debe conocer el número de comensales y las disposiciones de accesorios tales como candelabros paneras de fruta, cerámicas decorativas, etc.

b) *Restaurante:* La nota de información permite al Maître D'Hotel prevenir la necesidad del personal apelando a los extras. El indicar al mismo tiempo que el menú la disposición de las mesas y la decoración floral.

2.2.3.2. Presentación de la oferta de servicios.

Una vez de la toma de contacto con un cliente eventual, una agradable impresión debe ser imprescindible. Durante la entrevista una atractiva documentación permite presentar a la vez los salones, sugerir los menús y las diversas prestaciones de servicio.

a) Salones de conferencias y banquetes, croquis o planos y fotografías permiten conocer a los organizadores las características que precisan, superficie de los salones, disposición, número de plazas según la clase de banquete; una visita a los locales puede seguir a esta presentación.

b) Sugerencias de menús según sea

- Comidas de trabajo
- Banquetes de gran prestigio.
- Bodas
- Lunch- Cocktail
- Buffet

c) Prestaciones diversas: Todos los servicios de acogida son puestos a disposición de los clientes, las prestaciones corrientes tales como: refrescos, decoración floral, difusión musical, reserva de habitaciones y alquiler de aparatos de traducción, orquestas, etc.

Por supuesto que todos estos servicios complementarios estarán asegurados por especialistas. Servicio de comunicaciones por internet, celular, secretaria, grabación en distintos formatos, traductores, azafatas, etc.

2.2.3.3. Desarrollo de las operaciones de venta.

Estas comprenden las siguientes fases;

- Pedir la reserva, presentación de un presupuesto.
- Confirmación, contrato, constitución de un dossier, facturación.
- Lo más corriente es que se desplace el cliente, es recibido por el director de banquetes o sus adjuntos que le ayudan a fijar definitivamente su elección.
- El pedido de una reserva da lugar a rellenar una ficha por duplicado: la primera se envía a la secretaria de banquetes que abrir un expediente o dossier e inscribir la reserva provisional por orden alfabético. (ficha de reserva)

2.2.3.4. Difusión e información de los servicios.

Una vez esté confirmado el banquete por el organizador, el director de banquetes pasar la información por medio de instrucciones escritas a los diferentes servicios, en lo que concierne a la acogida o recepción, la realización técnica y la restauración.

El servicio de acogida comprende un personal especializado compuesto por azafatas, guardarropía, e incluso de personal de puertas o urgieres. Las azafatas ya sean del hotel o de organizaciones exteriores se encargan de distribuir folletos, dossiers, etc., así como puros, cigarrillos y otros regalos.

Las encargadas del guardarropa son escogidas bajo los criterios siguientes: activas, organización, presentación, amabilidad y sobre todo honestidad, puesto que deben asumir una gran responsabilidad. Si el banquete es grande se deben llamar a otras empleadas para que ayuden.

Los urgieres de fuera al establecimiento muchas veces son requeridos a petición de los interesados.

Los servicios técnicos encargados del mantenimiento, electricistas y encargados de transportar e instalar el mobiliario y material así como los técnicos responsables de sonorización y proyecciones.

2.2.3.5. Los servicios de restauración.

Cocina: el Chef debe conocer lo antes posible el menú escogido y el número de comensales a fin de que pueda proveerse de todo lo necesario para llevar a efecto la elaboración de los manjares y organizar su servicio.

2.2.3.5.1. El responsable y sus funciones.

En este departamento, el director de banquetes asume diferentes funciones;

- Se encargará de buscar y presentar todos los servicios que pueda ofertar su establecimiento y de asegurar su venta.
- El responsable debe poseer grandes habilidades en el campo de los negocios y debe intentar constantemente el máximo de servicios.
- Su presencia en todas las manifestaciones externas le permite adquirir relaciones con sectores nuevos de la vida económica.
- Debe seguir la actualidad del sector para identificar nuevas oportunidades de negocios y la creación de nuevas empresas y los proyectos de congresos y seminarios.

- La búsqueda de banquetes a partir de clientes antiguos, incrementando su presencia en sectores industriales y comerciales donde se organizan importantes manifestaciones.
- El contacto es establecido con visitas de responsables o de sus adjuntos y por medio de cartas o circulares ofreciendo los servicios, menús o invitaciones a visitar el establecimiento.
- Desarrollar acciones de publicidad bien concebida en revistas especializadas o en semanarios.

3. Realización material del banquete.

Protocolo: Es el arte de la determinación o establecimiento de las formas más idóneas para la eficaz ejecución de **toda actividad humana, social, oficial y relevante.**

3.1. Características Definitorias del Protocolo:

- Sociabilidad: Ha de ser realizada en la Sociedad Humana con la acción y la participación de dos o más personas.
- Oficialidad: Ha de ser una actividad oficial, es decir, que sea consecuencia de la acción del Estado en cualquiera de sus niveles y llevada a cabo en el seno de una estructura del Estado.
- Relevancia: Ha de ser importante, por el solo cumplimiento de los aspectos anteriores. Las acciones que no alcance ese nivel no deben ser objeto del protocolo.

Como la acción del protocolo ha de ser realizada con la participación de varias personas, ello exige el establecimiento de una orden, en esta acción, previa a la actividad que se desarrollara; para que esta sea eficaz, implica la determinación de la **Precedencia**.

Precedencia: El previo establecimiento de un orden entre las personas que realizan o participan en una actividad que afecta el protocolo, en función de su preferencia, primacía, rango, nivel o relevancia, en el sentido de la estructura del Estado y de la Sociedad misma, para establecer la máxima eficacia de la mencionada actividad.

Bajo la responsabilidad del director de banquetes el Maître encargado de la dirección y de la organización material del banquete debe:

- Prever todo lo relativo al personal, material, mobiliario, así como de otros artículos y bebidas.

- Establecer croquis o planos de las mesas.
- Dirigir la preparación del montaje (mise en place)
- La recepción de invitados y el servicio.

3.1.1. Previsiones

Personal. El número de empleados varía según la clase de establecimiento y la naturaleza de la manifestación; a título de ejemplo podemos prever lo siguiente:

En el caso de un banquete tradicional:

- Un Maître por cada 40 ó 50 comensales.
- Un jefe de rango o camarero por cada 10 ó 15 personas.
- Un sommelier o comis para vinos por cada 20 ó 25 personas.

En el caso de un lunch clásico con surtido de canapés estilo gran cocktail, sería de:

- Un Maître D'Hotel
- Un jefe de rango por cada 35 personas

En el caso de un servicio de buffet asistido sería de:

- Un Maître D'Hotel
- Un jefe de rango o camarero por cada 20 ó 25 personas

Una vez que el Maître D'Hotel ha determinado la composición de su brigada, debe recoger en un listado el nombre y el salario convenido para todos los extras a fin de que el Director de banquetes pueda proveer los sueldos de este personal que se pagan siempre al final del servicio correspondiente. Estos precios del personal extra se establecen en los convenios de Hostelería que tienen las empresas del sector con todos los sindicatos.

3.1.2. Mobiliario; material y lencería

- La clase de mobiliario depende del carácter de la manifestación y de la disposición prevista por el organizador, según los casos se pueden utilizar tableros de 1.80 m por 90cm o bien mesa redondas de 1.20 m por 1.40 m de diámetro. También existen tableros con los cantos ovalados para mesas imperiales o de gran prestigio.

- Todo este mobiliario se encuentra almacenado bajo la responsabilidad del Maître o si no se dispone de suficientes se pueden alquilar. En casi todas las ciudades del mundo existen casas especializadas que tienen material para más de 15,000 personas, cuyos precios por alquiler pueden incluir la transportación o no.

- La lista de material, ya sea de la casa o de alquiler, comprende vajilla, cristalería y cubertería, así como material para el servicio de cocina, fuentes, salseras, cafetera, tetera, etc.

- La lencería comprende manteles, muletones, servilletas, litos de servicio, brazaletes o paños para repasar material y cubre bandejas para el transporte de material y servicios del consomé, sorbete, café, aperitivo así como para la retirada en bandejas del material de las mesas.

- Los manteles son fáciles de escoger pero según el tipo de mesa o buffet se necesitan de medidas especiales que también se pueden alquilar cuando no se dispone de ellos en el stock del hotel.

- Los muletones se adaptan mejor a las mesas excepto los de las mesas redondas que suelen adaptarse por medio de chinchetas fáciles de despegar al desmontaje; hay que tener en cuenta cuando se utilizan muletones varios, de no sobreponerlos; podrían crear arrugas en el mantel.

- Las servilletas de mesa, se debe prever una por cada cliente, más una reserva de un 10% para hacer frente a cualquier accidente.

- Los litos, uno por camarero. También se debe proveer de guantes blancos a los camareros, sobre todo si el banquete es una mesa de gran prestigio.

- Los seca vasos o paños de repasar se puede calcular uno por cada 20 ó 30 vasos o copas.

- Otros artículos o bebidas, le corresponde al Maître de prever ciertos artículos así como las bebidas por ejemplo.

- El pan puede ser un panecillo y medio por persona, calculando a unos 0.75 gramos.

- La mantequilla pueden ser mini dosis a razón de 3 por persona, debe ser servida en porciones.

- Generalmente se destina entre 12 y 15 gramos de azúcar por invitado.

3.1.3. Las Bebidas.

Después de las previsiones indicadas en la hoja informativa, el Maître D'Hotel hace su comanda por triplicado, destinada a la bodega, al control y para su propio servicio. Este vale lo completa el bodeguero por la cantidad y el control de costes.

En ausencia de indicaciones precisas en la hoja informativa, se prevén las siguientes cantidades en los vinos:

- Vino blanco una botella por cada 4 personas
- Vino tinto una botella por cada 3 personas
- Cava Champagne una botella por cada 4 personas
- Aguas minerales una botella por cada persona

- Aperitivo: Un litro de refrescos por cada 14 ó 16 personas
- Una botella de whisky por cada 15 ó 17 personas
- Una botella de vermut por cada 30 ó 40 personas
- Café de 12 a 15 gramos. por invitado
- Licores o aguardientes de pera y orujos, se debe tener un surtido; sólo se facturan las cantidades consumidas.

El consumo de bebidas en general depende del menú de la temporada, es decir, invierno o verano, de la edad e incluso del sexo de los invitados, por lo que es bastante impreciso su cálculo.

3.1.4. Establecer el Plano de la Mesa.

A fin de no dejar nada en el azar, el Maître D'Hotel orientará sobre la posición de las mesas en forma de esquemas indicando el número de plazas que ocuparán. A título de ejemplo presentamos el tipo de mesas más clásicas.

En "I" en "T" o en "U", son mesas adaptables a un número de 40 ó 50 personas; en "E" o en forma de "peine", para 80 ó 100; en forma de mesas separadas y una presidencia rectangular, siendo las demás redondas o bien todas redondas para banquetes de gran capacidad desde 150 ó 200 hasta 2000 o más comensales.

La mesa Imperial de 60 a 100 comensales para banquetes de gran prestigio, es una mesa de 1.80 m. de ancho y tiene los extremos en semicírculos, se consigue añadiendo tableros y nivelándolos por medio de cuñas de madera y añadiendo en los extremos unos suplementos en semicírculos o bien tableros que está preparados con los cantos redondos. La mesa imperial debe tener una amplia decoración en su parte central con centros de flores, de frutas tropicales, figuras de cerámica, candelabros, pero tampoco debe estar demasiado saturada o cargada, sino que a veces la sencillez es sinónimo de buen gusto.

3.1.5. Mise en Place

El Maître D'Hotel de banquetes designa un responsable para la mise en place en cada uno de los salones. Esta se efectúa según los métodos tradicionales, no obstante, se debe dar una atención especial a la disposición de las sillas, a la mantelería, a la utilización de material, a la presentación de menús y tarjetas y a la decoración floral.

3.1.5.1. Las sillas.

* Cada invitado debe disponer de espacio de 60 cms. para cada silla y de 70 cms. si es un sillón.
* Colocar en la mesa presidencia o de honor, un número igual de sillas a cada lado del lugar que ocupa el presidente.
* Evitar en todo lo que sea posible, de poner invitados con la espalda a la mesa de presidencia.

3.1.5.2. La Mantelería.

* Todos los manteles deben tener un muletón primero. Los muletones están hechos de manta blanca espesa, su misión consiste en evitar el roce del mantel con el tablero y tener un con tacto más suave, a fin de evitar ruido al dejar el plato sobre la mesa amortizando el choque. Los muletones deben ser algo más largo que las mesas, pero, nunca deben sobresalir al mantel y deben estar fijados a ella.

* Cuando los muletones no son de la misma longitud que las mesas se pueden utilizar varios de ellos de las mismas medidas y de planchado igual sobreponiéndolos haciendo coincidir los pliegues y cuidando que quede una línea regular y continua como si fuera uno sólo.

3.1.5.3. El material de servicio.

- Cuando el banquete es pequeño, la mise en place es a la carta, es decir solo se colocan los cubiertos de los dos primeros platos, reservando el resto en muletillas para ir colocándolos en el orden que se realizará el servicio.

- Cuando el banquete es de grandes dimensiones se debe realizar la mise en place completa, colocando todo el material necesario en la mesa.

3.1.5.4. Los números de mesa, tarjetas y menús.

Existen varias formas de enumerar o colocar las señales necesarias en los banquetes, entre las que se encuentran las siguientes:

- En los banquetes importantes en cada mesa debe ir un número en caracteres grandes y sobre un soporte para que el cliente lo pueda distinguir y pueda ocupar su lugar fácilmente.

- Una tarjeta llevando el nombre de cada invitado se colocará sobre la servilleta o delante de las copas.

- Un menú de cartulina impreso indicando en detalle la comida, los vinos y el carácter del banquete o manifestación se coloca a la izquierda de cada plato base o de pie apoyado en la copa de agua.

3.1.5.5. Decoración Floral

- La decoración floral depende del gusto de los organizadores, en este sentido es responsabilidad de los organizadores del banquete reflejar por escrito en la orden de servicio cómo se colocarán estos.

- La decoración florar comprenderá un centro en cada mesa, un centro especial en la mesa de honor con velas, y se caracterizará por contener distintos colores, claveles, rosas, tulipanes, esterilizas o aves del paraíso, etc.

- También se deberá colocar un centro especial para el buffet de recepción y aperitivo.

3.1.6. Llegada

- A la entrada del local se dispondrán pizarras o tableros que indiquen de una manera clara el emplazamiento de los diversos banquetes, seminarios, etc. Una azafata dirige a los participantes al guardarropa y a los diferentes salones.

- Se dispondrá de un guardarropa bien organizado y cerca de la sala de banquetes, lo que permitirá una rapidez en la ejecución, y generará confianza y seguridad en los clientes. Por cada prenda o artículo depositado se entregará al cliente un número cuyo duplicado acompaña a la prenda, lo que permitirá a la salida que sean devueltas de una forma rápida y sin riesgo de errores.

- Un bar debe estar previsto lo más cerca posible al salón del banquete. Se utiliza para la pausa en el caso de un seminario o para el servicio de aperitivos antes de la cena o comida, donde se agrupan todos los invitados de pie, se saludan y cambian impresiones pudiendo durar de una a hora y media hasta que se informa que la cena está dispuesta.

3.1.7. Emplazamiento de los invitados.

- En el momento que el organizador juzga que se debe pasar a la mesa, es el Maître D'Hotel quien comunicará a los invitados que pasen a la mesa. Es éste un momento delicado, una buena organización evita aglomeraciones y gente dudosa e indecisa, lo anterior depende también del número de comensales.

- Para un pequeño banquete es decir 50 ó 200 personas sólo con un atril a la entrada con las listas de los invitados por números de mesa y luego la ayuda del Maître o de sus colaboradores que tiene otra lista por orden alfabético de los nombres de todos los invitados y su número de mesa facilitan la rápida ubicación del cliente en su plaza.

- Cuando la entrada del salón es por el centro se pueden disponer las mesas números pares a la derecha y las impares a la izquierda siendo la presidencia o principal en el centro, esto facilita la rapidez en el servicio.

- Cuando el banquete es de más de 500 o 1000 personas se dispondrá al lado de las listas un plano con la localización general de los salones y el emplazamiento exacto de las mesas con su correspondiente número.

- Al arribo de los clientes la azafata irá entregando a cada uno una carta donde se muestra sobre el plano, la situación de su mesa y la indicación de su plaza. El problema consiste en hacer coincidir la reseña de la carta que se entrega con el número de mesa y con el nombre de las tarjetas.

- El Maître D'Hotel ayudará tan sólo a los indecisos y retardados.

- Cuando se trata de un banquete no protocolario, solo los invitados a la mesa de honor tendrán su sitio reservado, el resto de los invitados se agruparán según sus afinidades.

3.1.8. Servicio

Para que este se ejecute con eficiencia es responsabilidad del Maître realizar la correspondiente reunión informativa, explicando cada detalle del servicio y cómo se irá ejecutando este, además de ir supervisando cada acto que se ejecute en el mismo.

3.1.8.1. Servicio a los clientes:

La presencia de señoras en un banquete no debe cambiar el orden de servicio excepto cuando es una boda y la mayoría de invitados son matrimonios o parejas. En este caso se comenzará por la señora de más edad en la mesa, y en la medida que se vayan sirviendo el resto de los platos se comenzará por una señora diferente en la mesa de modo que no se perciban preferencias.

En el caso de la mesa presidencia, si es una boda se debe servir primero a la novia, luego al novio, seguidamente a la madre de ambos, siguiendo el resto de la mesa. En caso de que el cura esté como invitado, se le servirá después de los novios.

En el caso de la mesa de la presidencia de honor se sirve primero al presidente, luego al de su derecha, después al de la izquierda y en ese orden hasta ir alejándose del centro poco a poco.

3.1.8.2. Servicio de platos.

Para que el servicio de platos sea sincronizado se deben seguir las siguientes reglas.

- Todos los camareros se presentan en la cocina juntos.

- Todos entran en el salón al mismo tiempo, uno detrás de otro, siendo los primeros los que sirven en la presidencia y a continuación por orden los que tienen su turno más distante de la entrada.

- Los platos fuentes deben presentarse por los camareros jefes en todas las mesas al mismo tiempo.

- El Maître D'Hotel emplazado detrás de la mesa presidencial vigila el desarrollo de la operación, dando la señal para empezar a servir.

- Los platos son servidos a la inglesa, es decir directamente de fuente a plato y solamente en casos de pescados enteros u otros manjares delicados se servirán en gueridón.

3.1.8.3. El servicio de vinos.

- Para servir vino se aplican las reglas habituales; el vino es probado sólo por el sommelier si existe o bien por el Maître y no por el presidente de la mesa del banquete, aunque si se debe servir a éste primero. Para evitar la espera, los vinos deben servirse antes de los platos.

3.1.8.4. Desbarasar o retirar los platos.

- La retirada igual que el servir debe ser sincronizada. El Maître ordenará recoger la mesa presidencial y en ese momento, no antes, cada camarero o jefe de rango iniciará la recogida de su área o sector.

- Es común que los banquetes concluyan con discursos, que suelen ser después del café, en este sentido es conveniente que se retiren todos los camareros cuando se realice el mismo excepto el sommelier o los que estén sirviendo licores.

3.1.8.5. Recogida

- Cuando se ha terminado el banquete se desbarasan rápidamente las mesas. El Maître dará la orden para que se recoja todo el material sólo en las mesas que ya no hay clientes, pero en caso de sobremesa se recogerá dejando sólo la copa de agua y licor y cambiando los ceniceros si hace falta. En ese momento deben tener dispuestos grandes espacios y tableros para ir depositando el material sucio en orden y cuidando mucho que no se produzcan roturas

- Más tarde cuando se disponga de tiempo y sin la presencia de los clientes, se procederá a la limpieza y almacenamiento de todos los insumos y útiles, dejándolos disponibles para el próximo servicio.

4. Cálculo de costos de un banquete

El siguiente ejemplo muestra la forma que se puede aplicar para calcular el costo de un banquete, tomando en consideración 250 pax.

	REAL	% INGRESOS	P/P
INGRESOS			
Ingreso Alimentos	$ 2,500.00	65%	$ 25.00
Ingresos Bebida	$ 1,250.00	32%	$12.50
Propina	$ 100.00	3%	$ 1.00
Total ingresos	**$ 3,850.00**	100%	$ 38.50
GASTOS DIRECTOS			
Costo Alimentos	$ 750.60	30%	$ 7.50
Costo Bebidas	$ 219.84	18%	$ 2.20
Total gastos Directos	**$ 970.44**	**25%**	**$9.70**

GASTOS INDIRECTOS			
GASTOS DE PERSONAL			
Salarios	$ 750.00	19%	$ 7.50
Total gastos personal	**$ 750.00**	**19%**	**$ 7.50**
GASTOS EXPLOTACION			
Animación	$ 600.00	16%	$ 6.00
Teléfono		0%	$ 0.00
Reposiciones		0%	$ 0.00
Material de oficina		0%	$ 0.00
Total gastos explotación	$ 600.00	16%	$ 6.00
Total gastos indirectos	$ 1350.00	35%	$13.50
RESULTADO	$ 1529.56	40%	$ 15.30
Numero pax	100		

Para que el banquete sea rentable, generalmente las organizaciones que ofrecen este tipo de servicio, llegan a un acuerdo del precio con el cliente que lo contrata, o tienen un menú especial para ello, donde fijan los márgenes de contribución deseados según corresponda.

En el caso anterior se puede observar que la entidad ofreció un banquete para 100 comensales a razón de $38.50 por comensal entre alimentos, bebidas y el acuerdo de bonificación por propina, que en este ejemplo es de $1.00 por comensal, gastando sólo $9.70 por este concepto, lo que le deja un margen de ganancia inicial de $28.80

De esos $28.80 que la entidad ya va ganando por concepto de alimentos y bebidas, esta destina $13.50 tanto para gastos de personal como para otros gastos, dejando un residual de $15.30 que representa un margen de contribución del 40%

Del ejemplo anterior los cálculos que se realizaron fueron los siguientes, por si usted desea implementar un modelo como el anterior en una hoja de Excel en su negocio.

	REAL	% INGRESOS	P/P
INGRESOS			
Ingreso Alimentos	A	1=A/D	A/Z
Ingresos Bebidas	B	2=B/D	B/Z
Propina	C	3=C/D	C/Z
Total ingresos	D=(A+B+C)	(1+2+3)	D/Z
GASTOS DIRECTOS			
Costo Alimentos	E	4=E/A	E/Z
Costo Bebidas	F	5=F/B	F/Z
Total gastos Directos	G=(E+F)	(G/D)	G/Z
GASTOS INDIRECTOS			
GASTOS DE PERSONAL			
Salarios	H	6=H/D	H/Z
Total gastos personal	I	(6)	I/Z
GASTOS EXPLOTACION			
Animación	J	7=J/D	J/Z
Teléfono	K	8=K/D	K/Z
Reposiciones	L	9=L/D	L/Z
Material de oficina	M	10=M/D	M/Z
Total gastos explotación	N=(J+K+L+M)	(7+8+9+10)	N/Z
Total gastos indirectos	O= (I+N)	O/D	O/Z
RESULTADO	P	P/D	P/Z
Numero pax	Z		

Existen diversas herramientas y modos de cálculo de márgenes en banquetes, el método que se aplique debe estar en correspondencia con los lineamientos o procedimientos establecidos por cada organización. Este manual sólo ha sido un pequeño recopilatorio de aquellos elementos indispensables, útiles y aconsejables para llevar a buen término servicios de este tipo.